イラスト版 アクティビティ ディレクター入門シリーズ①

高齢者と楽楽コミュニケーション
レク・生活の場面編

高齢者アクティビティ開発センター 監修
高橋 紀子 著　山口 裕美子 イラスト

黎明書房

はじめに

　介護を受けている高齢者も人生を楽しむためには心の栄養補給，心のケアが必要です。芸術や遊び文化が不足すると，心の栄養失調となり，いとも簡単に人は生きる力を低下させ，きらめき輝く人生を失速させます。

　人々にとって芸術や遊び文化は，まさに食事と同じくらい大切で日常的なものです。年齢や介護度を問わず，いくつになっても美しいものを見て感動したり，自分で創り上げる喜びを体験したりして，心をわくわくさせたいものです。

　それを高齢者福祉・医療の場で可能にするには，「アクティビティサービス」の充実こそ必要です。アクティビティサービスとは，高齢者福祉・医療の場において，介護などの支援が必要な人に対して，生きていくために必要な三大介護＝「食事」「排泄」「入浴」などに加え，高齢者の心を豊かにし，日常生活に楽しみと潤いをもたらす援助活動＝「アクティビティ・ケア」を提供・支援することです。

　「アクティビティサービス」の充実をはかるために，今こそ，介護現場において，高齢者・家族とスタッフ，スタッフ同士が上手にコミュニケーションをとりながら，芸術と遊び文化を組み合わせて生活の質の向上をはかることが求められています。

　高齢者アクティビティ開発センターでは，要介護高齢者の生活の質を高めるための専門的知識を持った心の栄養士「アクティビティ ディレクター」の資格認定セミナーを開催して，高齢者介護の現場で主軸となる人材を育成しています。福祉アートコーディネート，福祉プレイワーク，高齢者おもちゃインストラクター，高齢者ケアデザインの４つのコースを学び，個々の高齢者の生活やニーズをとらえながら，必要なアクティビティを実践できる人たちが全国に増えることを願っています。

　本書は「アクティビティ ディレクター」資格認定セミナーの「福祉プレイワーク」コースのテキストでもあります。ゲームや体操などのプログラムが，高齢者と上手にコミュニケーションをとりながら，楽しく身体と心を動かすアクティビティとなるためのポイントを紹介しています。

　施設で行われているゲームや体操には，日常生活に役立つ身体の動きが隠れています。高齢者の心身の状態や生活場面に応じて行いたいプログラムや，集団の中での個別支援の方法などを具体的に紹介しています。

　日常生活の中での心や身体の動きは，その日，その人の状態によって違いがあります。個々のケースに合わせてご活用いただけましたら幸いです。

　なお，第１章の＊印がついた言葉については，第２章で解説しています。第１章のマンガによる具体的場面をイメージしながらお読みいただければ理解が深まると思います。

　最後にこの本を作成するに当たって，高齢者アクティビティ開発センターの寺橋真由美さん，イラストの山口裕美子さん，お二人には各担当だけでなく，いつも適切なアドバイスもいただき本当にありがとうございました。

高橋紀子

目　次

はじめに　1
この本の使い方　4
アクティビティ情報シート　5

第1章　楽楽コミュニケーションで楽楽介護　6

① **レクリエーションは盛り上げるもの？**　6
　―高齢者に合ったアクティビティになるように―

② **なぜ失敗したのか考えよう**　10
　―高齢者の特徴を振り返ろう―

③ **介護の基本に立ち返ろう**　14
　―バイスティックの7原則―

④ **参加する気持ちをおこさせるには？**　18
　―レクリエーションの生活化を目指そう―

⑤ **環境を整えてコミュニケーションＵＰ**　22
　―生活のレクリエーション化を考えよう―

⑥ **ほんとは聞こえていないの？　認知症の始まり？**　26

⑦ **アルツハイマー型と脳血管性の認知症はこんなに違う？**　30

⑧ **高齢者が大事？　アクティビティが大事？**　34
　―風船バレーが楽しくないわけは？―

⑨ **無表情からくみとる気持ち**　38
　―ノンバーバルコミュニケーション―

⑩ **高齢者の能力を活かす援助で楽楽介護**　42
　―持っている力を引き出す援助を―

目次

⑪ 食事・入浴・排泄の三大介護でほんとにいいの？　46
　―その人にとって心地よいケアとは―

⑫ スタッフ同士のコミュニケーションＵＰがケアをスムーズに　50

第2章　高齢者と楽しくコミュニケーションを行うためのポイント　54

- 豊かなコミュニケーションで心地よい支援を　54
- 高齢者にそったアクティビティ（プレイワーク）を提供するために　54
- 「アクティビティ」と「レクリエーション」　54
- 「利用者本位」を振り返ろう　55
- 日常生活におけるADLとAPDLとは　56
- ちょうどよい内容のアクティビティを準備しよう　56
- 専門職としての判断基準を多く持とう　57
- コミュニケーションを取りながら体力の維持，向上を目指そう　57
- ノンバーバルコミュニケーションとは何か，何が大切か　58
- その人らしく過ごせるための援助について再確認しよう（ICF）　59
- その人の心地よさを追求したケアのために　60
- 年代によってのルール・マナー・エチケットの違いを知ろう　61
- 高齢者の特徴と関わり方のポイント　61
- アクティビティ情報シート（5頁）の使い方　63

この本の使い方

【第1章】

ある高齢者施設で起こった問題と，その解決法を，見開き4ページで紹介しています。

〈1ページ目〉　〈2ページ目〉　〈3ページ目〉　〈4ページ目〉

❶〈マンガ事例紹介〉
　ある日の施設での一場面をマンガで紹介しています。
　施設はデイサービスや，老人ホームなどを想定しています。
　この施設ではどんな問題点があるのか見てみましょう。

❷〈利用者・関係者の声〉
　スタッフや高齢者，ご家族が感じていることです。
　普段言葉には出さない本音を感じてみましょう。

❸〈はじめに考えてみましょう〉
　なぜ問題が起きたのか，解決するためにはどうしたらいいのかなど，考えてみましょう。

❹〈こうしてみましょう　その1・その2〉
　問題を解決するために行った工夫を2つ紹介しています。

❺〈こうなりました！〉
　その後のスタッフや高齢者，ご家族の感想です。

【第2章】

高齢者と楽しくコミュニケーションを行うためのポイントを書いています。
第1章の補足もありますので，途中で知りたいことがあったら，読んでみましょう。

アクティビティ情報シート

名前（旧姓：　　　　　　　）　　　　　様　記入日　　年　　月　　日

生年月日	明治・大正・昭和　　年　　月　　日　　歳	性別	男・女
兄弟	人兄弟　　番目　**結婚**　　回	**現在配偶者**	有（　　歳）・無
同居の家族	人　家族構成	**子ども**	有・無

人生歴	居住地	学歴・職歴	病歴	時代背景	好きな遊び，音楽，映画，食べ物など
0歳					一人で楽しんだ遊び　…○ 集団で楽しんだ遊び　…★ 小集団で楽しんだ遊び…☆
10歳					
20歳					
30歳					
40歳					
50歳					
60歳					
70歳					
80歳					
90歳					

Ⓒ高齢者アクティビティ開発センター

＊この情報シートの使い方については63頁を参考に，コピーしてお使いください。

第1章 楽楽コミュニケーションで楽楽介護

① レクリエーションは盛り上げるもの？
―高齢者に合ったアクティビティになるように―

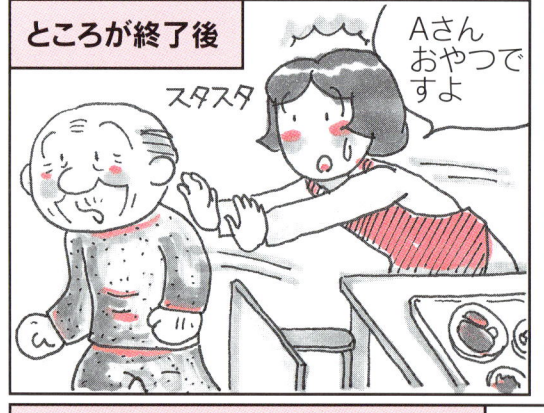

勝敗にこだわる

負けたくないんだよ 勝ってうれしかったよ

Aさん73歳

感情をおもてに出さない

ついイライラして，あたってしまうんだよ

Bさん74歳

なんで盛り下がっちゃったの？

勝って楽しかったはずのAさんはなんでうろうろしちゃったのかな？Bさんは普段おとなしい人なのに，あばれるし，周りの雰囲気も悪くなるし……

スタッフ歴6年

① レクリエーションは盛り上げるもの？
―高齢者に合ったアクティビティになるように―

はじめに考えてみましょう

盛り上がり過ぎることで，体調を崩すこともあります

ジャンケンゲームなど勝敗のあるアクティビティ（＊54頁参照）は，皆が一斉に声を出したり，楽しくて歓声があがるなど場が盛り上がります。

人によっては興奮のあまり，夜，眠れない，ふらふらと歩き回るなど不穏な状態になったり，高血圧や心肺機能などの疾病を抱えている方は，身体に影響がでることもあります。

スタッフが寄り添い，盛り上がり過ぎないよう，ペースを押さえる配慮をしましょう。異常な盛り上げや競争は必要ありません。

盛り上げるのが
よいことばかりではないのです

こうしてみましょう その1

参加者一人ひとりのADLに合わせた援助方法を考えましょう

一部で盛り上がり過ぎたり，参加したくない方に「ちゃんとやりましょうよ」と無理に参加させることはNGです。

積極的に参加しなくても座って見ていたり，寝たきりなどでアクティビティに参加できない方にも声をかけて同席していただくことで，明るい気分になったりと，よい効果もあります。

参加の仕方は人それぞれで，盛り上がることよりも心動かされる活動を目指し，一人ひとりのADL（日常生活動作，＊56頁参照）に合わせた援助方法を考えてみましょう。

活動に参加できなくても
同席していただくことで明るい気分に

こうしてみましょう その2

おだやかな笑顔を引き出す声かけを心がけましょう

　ゲームの勝ち負けよりも，「やった！」という充実感と楽しかった気持ちを引き出すエンディングを心がけます。

　Aさんチームには「Bさんチームのおかげで，Aさんチームは楽しそうでしたね」，Bさんチームには「勝ちを譲ったのですよね。次のゲームが楽しみですね」とお互いの存在を認め合う声かけをします。

　「心地いい疲れが残りましたね」「声を出してすっきりしましたね」と勝敗に関わらない声かけで，場を楽しめる演出をしましょう。

勝敗に関わらない声かけで
場を楽しめる演出を

こうなりました！

スタッフ

　皆さんの体が動きやすい，午前中にプログラムを持ってきました。

　Aさんの隣で手をつないでフォローをしたり，Bさんには「私がやるのを応援してください。その後一緒にやってみましょう」などと声をかけて，一緒に楽しむことができました。

Aさん

　おだやかな気分でゲームを終えることができたよ。

Bさん

　負けてもイライラした気持ちにならなかったよ。今日は楽しかったね。

② なぜ失敗したのか考えよう
―高齢者の特徴を振り返ろう―

第1章　楽楽コミュニケーションで楽楽介護

 トイレと言いづらくて

Aさん70歳

だって忙しそうでいつも声をかけにくいのよ
はずかしいし……

それにがまんしようとしてもトイレまで来るとホッとして失敗しちゃうの

 **失禁させちゃった…**

スタッフ歴4年

待たせたから失禁しちゃったのよね
でも時間足りないし……

スタッフ歴2年

年を取るともらすのも仕方ないけど仕事が増えてイライラしちゃう
オムツを提案しようかしら

11

② なぜ失敗したのか考えよう
―高齢者の特徴を振り返ろう―

> はじめに考えてみましょう

業務の優先順位を考えてみましょう

　高齢者の生活を支えるための業務は多く，スタッフが分担して業務をこなすために，時間と手間のかかるトイレ介助よりも片付けなどの仕事を優先していませんか？
　高齢者が気持ちよく過ごせるための優先順位はどこにあるか見極めましょう。
　トイレまで一緒に行ってもらうことを「スタッフが自分のために関わってくれて嬉しい」と思う方もいます。
　一人ひとりの気持ちをくんだケアを心がけたいものです。

片付けよりもトイレ介助を

> こうしてみましょう　その1

安心して声をかけられる雰囲気づくりを

　施設ではスタッフが忙しそうに走りまわっていたり，真剣にケアや仕事に携わるあまり，無表情になっていることも見受けられます。そのため，トイレのことを言い出せない高齢者の方もいらっしゃいます。
　生活の場では，おだやかな時間を過ごしたいもの。
　「トイレ行きましょうか？」と笑顔でさりげなく声をかけたり，高齢者の前ではあせらずに，一呼吸おいてゆったりとした対応を心がけましょう。（＊63頁参照）

高齢者の前では
笑顔でさりげなく声をかけましょう

第1章　楽楽コミュニケーションで楽楽介護

こうしてみましょう　その2

筋力を維持する体操を取り入れよう

　失禁をしてしまいがちな方は，太ももの内側の筋力が弱っていることもあります。
　椅子に座りながら，車椅子の方もできる筋力トレーニングをアクティビティ・プログラムに取り入れて，筋力の維持（＊58頁参照）をこころがけましょう。

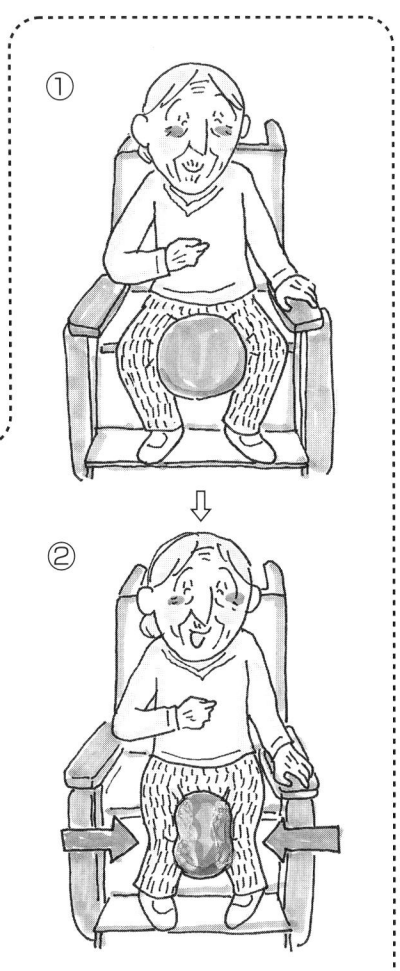

ひざでボールをはさんで押しつぶす運動
① 両膝でボールをはさむ。

② 両膝を閉じるようにして，「イチ，ニ，サン……」と声を出しながら，ボールを10秒押し続ける。

こうなりました！

　トイレの失敗が少なくなる筋力アップ体操はみんなに人気です。
　Aさんもトイレのときに声をかけてくれるし，自分もイライラせずにケアができるようになりました！

Aさん
　最近，なんだか声がかけやすくてうれしいわ。
　体操は苦手だけど，トイレの失敗も少なくなるみたいだし，がんばろうかしら。

③ 介護の基本に立ち返ろう
―バイスティックの7原則―

第1章 楽楽コミュニケーションで楽楽介護

 自信を失っている　 **自分の家って気がしない**

いつも早くってせかされて自分が何もできない人間に思えてきちゃうわ

Aさん69歳

いつだって職員達は忙しいんだ　もうあきらめてるよ　何を言っても同じさ

Bさん72歳

 **忙しすぎてどうしていいかわからない**

私たちだって，このままじゃ利用者さんが気の毒だってわかってるんです
でも，本当に毎日いっぱい，いっぱいで……

スタッフ歴5年

③ 介護の基本に立ち返ろう
―バイスティックの7原則―

はじめに考えてみましょう

タイムスケジュールは必要ですか？

あなたが働いているところは，高齢者の生活の場です。家庭の当たり前と施設の当たり前の違いを考えてみることもケアを考える上で大切です。

あなたの施設にはタイムスケジュールがありますか？　あるとしたらスタッフが安心するためにタイムスケジュールをつくり，それに追われるかのように介護をしてはいませんか。

あなたは毎日の予定を分刻みで立てますか？　お休みの日はざっくりとした予定しか立てないのではないでしょうか。

これを機会に振り返ってみましょう。

タイムスケジュールに追われているのはなぜか考えましょう

こうしてみましょう　その1

人との違いを楽しみながら確認しよう

人との考え方や感じ方の違いを見つけて，その違いを楽しみながら確認することもケアの中では大切です。

施設の常識は，本当に常識なのでしょうか。例えば入居施設では起床や入浴時間などを決めているところも多いようですが，高齢者の今までの生活ペースとずれてしまうこともあると考えたことはありますか？

入居時の面談シートを振り返り，違いを確認し，その人に合わせたプログラムづくりをすることもケアを考えるために重要です。（＊61頁参照）

私はネコが好きだから，皆もネコが好きでよいのでしょうか

こうしてみましょう その2

高齢者に対応するときの原則を振り返る

　ケアを振り返り，慣れてきたときも，どうしてよいかわからないときや疲れたときも，初心に帰ることは大切です。

　必要なケアは一人ひとり違います。

　高齢者が気持ちを伝えたくなる信頼関係を築き，忙しくても顔に出さない余裕を持つ。高齢者の感情を大切にする。できないことの数で高齢者を評価しない。高齢者のご家族の噂話をしないなどの「バイスティックの7原則」（＊55頁参照）を確認するなど，介護の基本に立ち返りましょう。

利用者の噂話をしないのも
原則の一つです

こうなりました！

スタッフ

　私たちには仕事場でも，高齢者にとっては生活の場ということを忘れていました。

　タイムスケジュールが必要か話し合うことから始めてみます。

Aさん＆Bさん

　最近は，スタッフとよく話をするよ。

　よく話しかけてくれるようになったし，ゆっくりできるようになったわ。

　ここにいることが楽しくなってきたね。

④ 参加する気持ちを おこさせるには？
— レクリエーションの生活化を目指そう —

 身体を動かすのはおっくう　　 **子どもだましに感じる**

マヒもあるし体を動かすのは嫌いやりたくないのよ……

Aさん72歳

バカバカしい　何で今さら体操するのかわからん

Bさん66歳

習ったとおりやっているのに

体操は高齢者に人気というので，皆さんにもやっていただきたいのだけど，どうして皆さんやってくれないのかしら？習ったとおりにやってるけど，何がいけないのかな……

スタッフ歴1年

④ 参加する気持ちをおこさせるには?
―レクリエーションの生活化を目指そう―

はじめに考えてみましょう

高齢者に必要な動きをプログラムに取り入れよう

　プログラムの種類を増やすことより，目の前の高齢者の不便さや，どのような支援が必要なのかを考えてプログラムを提供します。

　例えば，洋服の着脱や食事時の箸運びに不自由さを感じている方に「腕の曲げ伸ばしをうながす動き」，本が好きな方には「本をめくりやすくなる指先を使う動き」を体操に取り入れていることを伝えます。

　運動の目的を知ることで高齢者の意識も変わり，参加につながることでしょう。（＊56頁参照）

運動の目的を知ると参加意識も変わります

こうしてみましょう その1

その先の生きがいを追求したアクティビティを行おう

　スタッフは，目の前の生活改善だけでなく，アクティビティ情報シート（5頁，63頁）を参考に，その方が好きだったことや趣味，やってみたいことをイメージさせるような声かけ，環境づくりにも気を配りましょう。

　例えば本が好きな方に，「新しい本を買いに買い物に出かけてみませんか？　そのために体ほぐしの体操をして体力を戻しましょう」と声をかけるなど，今までやってきたことと関連させて，体を動かすきっかけとなるような声かけをしましょう。

身体を動かすきっかけになる声かけを

第1章　楽楽コミュニケーションで楽楽介護

こうしてみましょう　その2

目的や効果がわかると，スタッフも自信を持てます

　スタッフも自分が行っているアクティビティの目的や効果を知ることで，自信を持ってアクティビティを行うことができるでしょう。

　生活に結びつけたアクティビティは，高齢者も負担に感じることなく取り組むことができます（＊55頁参照）。

　そして自分で食べられるようになったり，洋服の着脱が自分でできるようになることでやる気を引き出し，その方らしい生活を送れるADL（日常生活動作）の向上につながり，介助の負担も減るでしょう。

自分でできるってうれしいですよね！

その人らしい生活を送れる支援をしましょう

こうなりました！

スタッフ

　自信を持ってできるようになったし，介護の負担も少なくなりました。何よりも皆さんの意欲が増したのが嬉しいですね。

Aさん

　腕の曲げ伸ばしがよかったのか，前よりも肩が上がるようになってきたわ。
　花の水やりも楽になってきたのよ。

Bさん

　なんで腕を伸ばさなきゃいけないのかわかって，納得したよ。
　体が動きやすくなったし，久しぶりにお茶を飲みに，喫茶店に行きたくなったな。

⑤ 環境を整えて コミュニケーション UP
―生活のレクリエーション化を考えよう―

第1章　楽楽コミュニケーションで楽楽介護

 どこにあるかわからなくて…

Aさん80歳

はながみがどこにあるかわからなくてとりにくいの
ゴミ箱にちゃんと捨ててるのに，おこられてしまったわ

 どうしてできないのかしら

スタッフ歴5年

目の前にあるティッシュを
なんで自分でとれないのかしら？
ゴミも散らかし放題だし，困っちゃうのよね
目が見えづらくなっているから
仕方ないのかしら

⑤ 環境を整えてコミュニケーション UP
―生活のレクリエーション化を考えよう―

はじめに考えてみましょう

散らかしてしまうのはなぜか考えてみましょう

　私たちが生活の中で何気なく繰り返している睡眠，入浴，食事などの心地よさを高齢者に提供できていますか？

　居室は高齢者が一日の中で一番長く過ごす場所です。高齢者にとって必要なものが，
① 障がいがあり，手が届かない。
② 白い壁に白いティッシュで見えにくい。

　などが原因で，生活に不便をきたしていることがあります。

　生活そのものを心地よく快適に過ごしていただけるように環境を整える支援（＊55頁参照）が大切です。

目が見えにくくなった方には
白いティッシュの箱は探しにくいもの

こうしてみましょう　その1

必要なものは手が届きやすい場所に整える支援を

　周囲にゴミが散乱し，においがすると，その方に近づきたくないと思うのも人情ですが，麻痺や認知症があるなど高齢者の身体の状態，心の状態，物の置き方，スタッフの行動などを多面的にとらえて，どうして散らかしてしまうのか点検してみましょう。

　ティッシュの箱が手足を伸ばしにくい場所にありませんか。ベッドの足下にあるので，ゴミ箱など見えにくいのではありませんか。さびしいからスタッフを呼ぶために，わざと周りを汚しているのではありませんか。

散らかさない方は何が違うのでしょう

こうしてみましょう その2

少しの工夫で心地よい生活

　ゴミ箱とティッシュの箱を柵にくくりつけ，手が届きやすいところに配置したり，ティッシュカバーを付けて，見た目も美しくするなど，高齢者にとって見やすく，自ら手を伸ばしたくなるような環境を整えてみましょう。
　ときにはユーカリやラベンダーなどのアロマを用いて，さわやかな香りを楽しむのもよいでしょう。
　ベッド周りがすがすがしくきれいになると，周りの利用者もスタッフも声をかけたくなるなど，一石二鳥です。

アロマを用いて心地よさもアップ

こうなりました！

スタッフ

　散らかっていた理由がわかっただけでなく，周りがキレイになると声もかけやすくなるんですね。
　Aさんに対しての気持ちも変わってきました。
　他の方のベッド周りも気を配れるようになりました。

Aさん

　前は「迷惑かけてばかりで」という気持ちでいっぱいだったけど，自分で楽にできるようになったわ。
　最近，皆が声をかけてくれることが多くてうれしいし，いい香りがするのもよいものですね。

⑥ ほんとは聞こえていないの？認知症の始まり？

第1章 楽楽コミュニケーションで楽楽介護

 音は聞こえるんだけど…

Aさん70歳

話しかけてくれてうれしいけど何を言ってるのか聞きとりづらいんだよ
うなずかないと悪い気がするし
なんで急に怒ったのかなぁ

 聞こえているはずなのに

スタッフ歴2年

補聴器つけて聞こえるようになったはずなのに，なんで移動してくれなかったのかな？
ニコニコうなずいてるけれど，認知症が始まったのかな？

⑥ ほんとは聞こえていないの？ 認知症の始まり？

はじめに考えてみましょう

補聴器をつければ聞こえる？

　耳が遠い方には補聴器があればよいと思ってしまいますが，難聴にも種類があります。

　高齢になるに伴い，高い音から聞こえにくくなります。

　また，音としては伝わるのですが，言葉としては伝わりにくい「感音性難聴」が多いと言われています。

　他にも補聴器をすると聞こえ，言語コミュニケーションが可能な「伝音性難聴」や，感音性と伝音性難聴の両方が混ざっている「混合性難聴」の方もいますし，片耳だけが聞こえにくい方もいます（＊62頁参照）。

難聴もいくつか種類があり
補聴器を使っても聞こえない場合も

こうしてみましょう　その1

認知症について知ろう

　認知症とは，脳の器質的変化によりいったん獲得された知能が持続的に低下したり，失われることを言います。

　一般的に，記憶力，思考力，計算力，判断力，記銘力（新しく物事を覚える），見当識（現在の状況を正しく把握する）の障がいが見られます。

　知覚，感情，行動の異常も伴って見られることが多く，短期記憶（数分以内の記憶）が失われて，長期記憶（数日から長い人生の中での記憶）については保持されることが多いのが特徴です。

　またアルツハイマー型，脳血管性認知症，ピック病など種類があり，症状に違いがあります。詳しくは専門書などで調べてみてください。

認知症だと耳は聞こえていても
意味ある言葉として
届いていないこともあります

こうしてみましょう その2

声のかけ方や話す位置を決めて安心コミュニケーション

　安心してコミュニケーションをとれるように声のかけ方や話す位置に気をつけます。
　アイコンタクトをしてから近づいて話し，「自分と話をしている」と認識していただきます。また左右の聞こえやすさに差がある場合は，聞こえる側の耳に近づいて話します。
　「時計が12時のところにきたらお昼です」「背中をトントン触ったらトイレの合図」など，日頃からその方にとって伝わりやすい身振り手振りを使った約束事を決めてみるのもよいでしょう（＊58頁参照）。

高齢者に伝わりやすい身振りで
約束事を決めましょう

こうなりました！

[スタッフ]

　補聴器をすれば聞こえると思っていました。
　コミュニケーションは言葉で伝えるだけではなかったのですね。
　ジェスチャーの大切さを実感しました。

[Aさん]

　スタッフがよく話しかけてくれてなんだか楽しいよ。
　あれをしろ，これをしろと言われなくなったし，何をする時間なのかわかるようになったよ。

⑦ アルツハイマー型と脳血管性の認知症はこんなに違う？

Aさんは詩吟，Bさんは囲碁の名手です

第1章 楽楽コミュニケーションで楽楽介護

2人への対応で帰りの時間は大あわて

何をしていいかわからない

バスが来ていると言われても……

Aさん72歳

質問に答えているのに

自分では「来る」と答えているのに何でわからないんだ

Bさん62歳

何でできないの？

囲碁・詩吟はできるのに、なんでこんな簡単なことはできないの？
難しいことさせてないし、たずねているだけなのにー!!

スタッフ歴8年

⑦ アルツハイマー型と脳血管性の認知症はこんなに違う？

はじめに考えてみましょう

アルツハイマー型認知症の特徴

　原因不明の脳の萎縮性疾患で，記憶力の低下，精神症状による人格の変化（夜間せん妄（夜間に起こりやすい意識の混濁），幻覚，妄想，作話，抑うつ症状など）が見られます。

　トイレに連れて行くとズボンを下ろすけれど，便座に座る動作を忘れる。返事は「はいはい」と理解しているようですが，次の行動ができないなどがあります。

　見本を見せたり，身振りを加えて示すとできたり，周りに人がいることで安心されます。

　上着を「どうぞ」と渡すだけでなく，一緒に着る動作を加えてみましょう。

トイレに行けても
次の動作がわからないことも

こうしてみましょう　その1

脳血管性認知症の特徴

　脳梗塞(のうこうそく)や脳出血などの脳血管障害が原因で発症する認知症です。生活習慣病などの予防的対策を行うことにより，発症を防ぐことはある程度可能です。

　比較的に人格が保たれていますが，ささいなことで泣いたり笑ったり怒ったりなど，激しい情動が起こる感情失禁が見られたり，まだらに症状が出ることもあります。

　挨拶や気持ちが人に伝わりづらくて，イライラされる方には，「体調はよろしいですか」「お腹がすいていますか」など「はい」「いいえ」で答えられるような質問を心がけます。

「はい」「いいえ」で答えられる
質問を心がけましょう

第1章 楽楽コミュニケーションで楽楽介護

こうしてみましょう その2

一人ひとりに必要な個別ケアを考えよう

　生育歴，生活歴，過ごしてきた環境は，一人ひとり違います。
　前出の症状別の対応の仕方だけでなく，一人ひとりを十二分に理解し，配慮を重ねてケアに当たることが必要です。
　介護の現場では，している活動（実行状況）を見て高齢者の状況を判断することが多いですが，できる活動（能力）を見出したり，できる活動があるのではと考えて，アクティビティに誘ってみましょう（＊59頁参照）。

ぞうきんがけの動きをゲームに活かすなど
できることがヒントとなることも

こうなりました！

スタッフ

　認知症に種類があることを知り，相手によって理解してもらいやすい質問の仕方があると納得しました。
　最近，気持ちが通じているなと思えます。

Aさん

　ここは楽しいし，安心できる。
　今日は何を歌おうかね。

Bさん

　ここのことをわかりやすく説明してくれるよ。
　スタッフが話をしてくれるのが楽しみなんだ。

⑧ 高齢者が大事？
アクティビティが大事？
―風船バレーが楽しくないわけは？―

ある日のアクティビティ

さあ楽しい風船バレーの時間でーす
どんどん手を出してくださいね！

そりゃ！

はい！

あつあつ

遠慮なく
どんどん手を
出してくださいね

その後も2人はうまくできず，ゲームは続きません

あ，あれっ

スカッ

第1章　楽楽コミュニケーションで楽楽介護

Aさん、なんでそんなに遠慮するんですか！

Bさん、動くほうの手を出していいんですよ

楽しいはずの時間がだいなしに

目が見えにくいから苦手

風船バレーは苦手だ。風船が速くてタイミングがぜんぜんつかめんのだ！

Aさん75歳

片マヒでうまく参加できない

風船が来ても打てないわ　みんなにイライラされるとつらいし

Bさん69歳

風船バレーは盛り上がる定番ゲームのはずなのに…

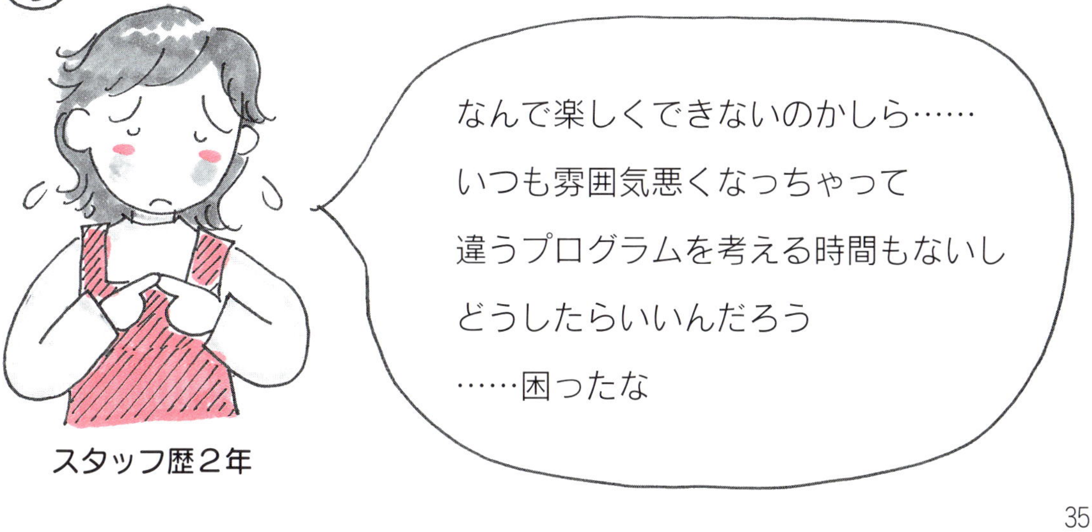

なんで楽しくできないのかしら……
いつも雰囲気悪くなっちゃって
違うプログラムを考える時間もないし
どうしたらいいんだろう
……困ったな

スタッフ歴2年

⑧ 高齢者が大事？ アクティビティが大事？
―風船バレーが楽しくないわけは？―

はじめに考えてみましょう

アクティビティを行う目的を考えてみましょう

　皆で一斉にできるメニューの定番だからと風船バレーをしていませんか？

　ゲームや体操には，日常生活に役立つ体の動きがたくさん隠れています。アクティビティ（＊54頁参照）は相手の状況を知って行うもの。時間つぶしやただの遊びではありません。

　様々な症状を持つ高齢者が一緒に活動するためには，個々の状態に合わせた工夫や配慮が必要です。一日の生活を快適に送ることを目指すアクティビティを日々のケアに取り入れましょう（＊57頁参照）。

プログラムを思いつかないからと
風船バレーばかりしていませんか

こうしてみましょう　その1

身体の状態や座る位置を配慮して風船バレーを楽しもう

　Aさんは左目の視力が弱いのですが，風船が飛んでくる方向によっては反応できます。

　片マヒのBさんは，隣に片マヒのない方やスタッフが座ることで，風船バレーがスムーズにできるでしょう。

　このように風船の送り方や座る位置への配慮をすることによって，AさんもBさんも風船バレーに心も身体も穏かに参加できるのです。

　正しく身体状態を把握し，高齢者のADL（日常生活動作，＊56頁参照）に合わせた配慮を心がけましょう。

マヒをお持ちの方も楽しく参加できるような
座る位置を考えることも大切

第1章　楽楽コミュニケーションで楽楽介護

こうしてみましょう　その2

高齢者に合った工夫をしよう！

　風船バレーも次のような工夫をすることで，多くの方が楽しめるアクティビティに変わります。

　風船は高齢者に見やすい，青や赤，オレンジなどの濃い色を用意します。

　高齢者の上肢，下肢，手指の筋力など，個人の能力に合わせて，風船の大きさや質感，厚さ，重さを選びます。

　そして半側空間無視（空間の半分が存在していないように見える）がないか，左右どちらが向きやすいか，手の出し方や角度はどうかも確認し，高齢者やスタッフが座る位置関係を決めます。

視力の弱い人が多いときには
風船にお米や手芸用ペレットを入れて
音や感触を出します

こうなりました！

[スタッフ]

　一人ひとりに合った声かけができるようになったので，皆さん，のってくれるようになりました。雰囲気も以前に比べてぐんとよくなりました。

[Aさん]

　赤色の風船なら見えやすい。うまく風船をたたけた日は気分がいいね。
　次も参加してみようかね。

[Bさん]

　お隣に風船バレーが得意な人やスタッフが座ってくれるので，安心して参加できるわ。手を出すのは苦手だけど，皆でやっている感じが楽しいわ。

⑨ 無表情からくみとる気持ち
ーノンバーバルコミュニケーションー

楽しいレクタイム。ところが…

やったー！

参加者のAさんは勝っても

いかがでしたか？

……

負けても

なんで負けちゃったんでしょうね

……

Bさんも皆が盛り上がるときでも

……

第1章 楽楽コミュニケーションで楽楽介護

無表情…

……

うれしくないのかしら？

楽しくないのかしら？

優勝ですよ……

そわそわ…

喜んでいるんだけどなあ

楽しかったけれど，スタッフがあれこれ聞くのがなあ

Aさん77歳

うわのそらだったんだ

さっきからトイレに行きたくて落ち着かないよ

Bさん64歳

無表情ってわからない

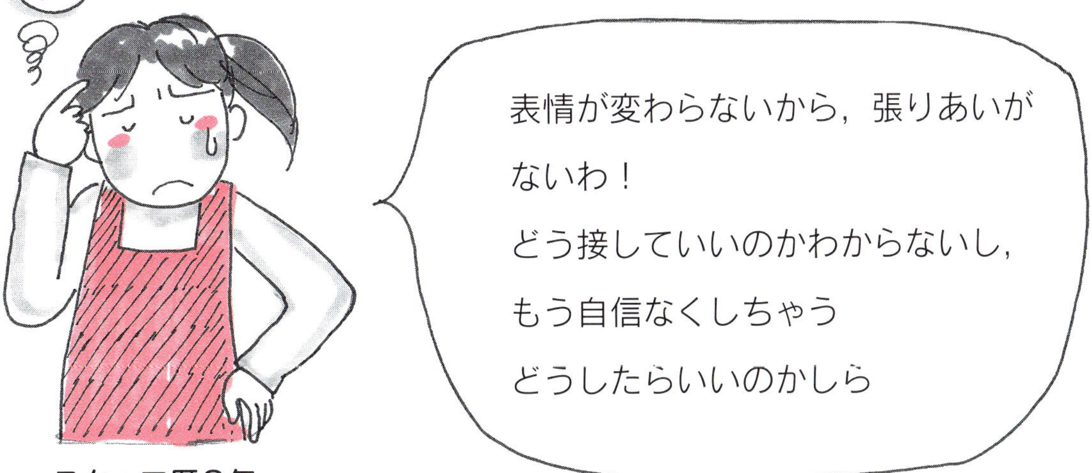

表情が変わらないから，張りあいがないわ！
どう接していいのかわからないし，
もう自信なくしちゃう
どうしたらいいのかしら

スタッフ歴8年

⑨ 無表情からくみとる気持ち
―ノンバーバルコミュニケーション―

はじめに考えてみましょう

高齢者は目線や身体の向きで，気持ちを語っています

　無表情だったり，自分の気持ちを伝えにくい方も，トイレが近くなったときは，そわそわしたり，ズボンに手を当てるなど，気持ちを行動で表しています。

　目線や身体の向き，行動には意味があるのです。

　相手を受け入れているときは，話をしている人を見たり，身体に力が入らず自然な姿勢で話を聞いています。

　相手を拒否しているときは，身体が硬直し肩が上がったり，声をかけた人とは違う方向を見ていたりします（＊58頁参照）。

気が向かないときは
声をかけた人とは違う方向を
見ていたりします

こうしてみましょう その1

手がかりはノンバーバルコミュニケーションを知ること

　バーバル（言語的）コミュニケーションが一般的ですが，ケアの場面においてノンバーバル（非言語的）コミュニケーション（＊58頁参照）の役割は大きく，重要かつ必要です。

　高齢者一人ひとりの症状もふくめて，顔の表情，視線，動作（身振り手振り）などから，伝えたい情報を読み取ることがスタッフに必要なスキルです。目の前の高齢者が表現したい情報を読み違えると，相手に寄り添うケアができない可能性があります。

身振り手振りで情報を伝えることも
スタッフに必要なスキル

こうしてみましょう その2

気持ちを伝え合うコミュニケーションを

　高齢者が話をしているときに，ちょっとした目元，口元，ほほの動きを見て「こう思っていらっしゃるのではないですか？」などと思ったことを口にしながら，気持ちを引き出すように心がけます。

　たまに思い違いもありますが，「あなたを気づかっていますよ」という気持ちは伝わります。

　よりスムーズなコミュニケーションをはかるためにも，自分の心に正直に，相手の心を聴いてみることを大切にしてみましょう。

口元，ほほの動きからも
気持ちを読み取ります

こうなりました！

スタッフ

　その人の動きやくせがわかるようになって，気持ちが伝わるようになった気がします。
　ケアもしやすく，一歩先の行動もとれるようになりました。

Aさん

　スタッフが優しくなった気がする。
　私の気持ちをわかってくれて嬉しいね。

Bさん

　レクの前にトイレのことを聞いてくれると安心。「途中でも言ってくださいね」と言われることで安心してゲームを楽しめるよ。

⑩ 高齢者の能力を活かす援助で楽楽介護
―持っている力を引き出す援助を―

体操前の施設の一コマ

みなさん，体操の時間です 移動しますよ――

……
はい行きましょう
ぐい ぐい

体操は行かなくていいわ
ここでいいわ
でも始まっちゃいますよ

……
せっかくですから一緒にどうぞ
ひょいっ

ええ
じゃ行きましょうか

第1章 楽楽コミュニケーションで楽楽介護

> え〜，なんで私じゃだめなのよ！
>
> ひどい！

> 急がなくて大丈夫ですよ
>
> ひいきだ！ずるい！

引っぱられていやだ…

> Aさんはぐいぐい引っぱるからいやなの
> 痛い思いまでして行きたくないわ

自然に自分で立ってる感じ

> Bさんだとなぜか自然に立ててうれしいし，体操にも行きたくなるわ

Tさん69歳

嫌われてるの？

> 私だってニコニコと対応してるのに，彼女と私のケアは何が違うのかな
> 同じことしてるはずなのに……
> やっぱりTさんに嫌われちゃっているのかしら？

スタッフ歴10年

⑩ 高齢者の能力を活かす援助で楽楽介護
―持っている力を引き出す援助を―

はじめに考えてみましょう

高齢者の能力を活かした援助をしよう

　本来は自分の力で立ちたいし，歩きたいもの。スタッフに無理やり手を引っぱられては，動く気持ちもなくなります。

　スタッフの心がまえとして，高齢者の能力を活かし，足りないところに手を貸す気持ちで援助しましょう。

　教科書どおりには介護はできないもの。アセスメントシートやマニュアルどおりではなく，目の前の高齢者の状況から援助の仕方をそのつど考えましょう。

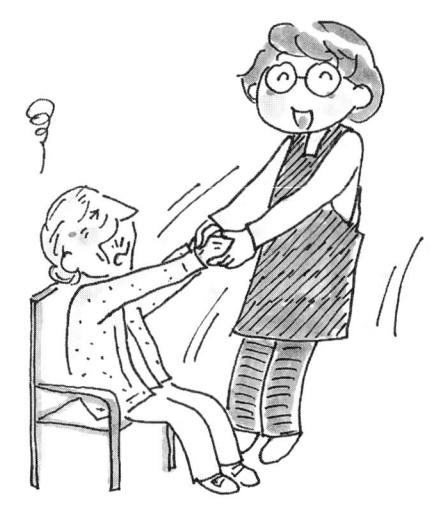

無理やり手を引っぱられては
動く気持ちもなくなります

こうしてみましょう その1

すっと立つことができる座り方

　腹筋や背筋の衰えから浅く腰かけている人をよく見かけますが，これではすっと立ち上がっていただくことは困難です。

　高齢者もスタッフもお互いに楽な立ち方を覚えましょう。

　背筋を伸ばして姿勢よく深く腰かけていただきます。立っていただくときは足をイス側に少し引くと，体重が前に移りやすくなります。

　スタッフは高齢者の手をとり，下方に引き，ゆるやかに，手前に引き上げるとスムーズに立っていただけます（＊62頁参照）。

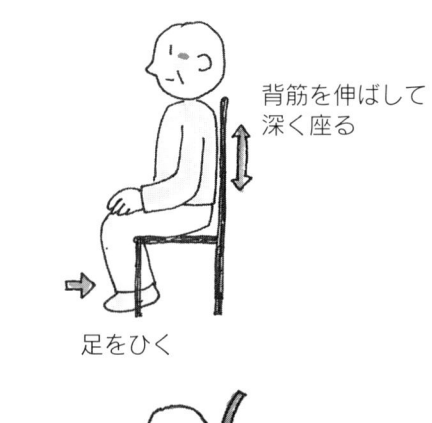

背筋を伸ばして
深く座る

足をひく

手を下方に引きながら，ゆるやかに
手前に引き上げるとスムーズに立てます

こうしてみましょう その2

体力維持につながる座り方で会話UP！

　お尻を座面に深く腰かけて，10秒ずつ交互におなかの力を入れたりゆるめたりすると，腹筋に有用です。

　「姿勢をよくして簡単な運動をするだけでも健康維持できますよ」と，運動の効果を伝えるとがぜんやる気を出す人もいます。

　背が低い方には，足置きを置いてしっかりと足をつけて運動できるようにしましょう。

　姿勢がよくなると顔が前を向くので，コミュニケーションがとりやすくなるというメリットもあります。

おなかの力を入れたりゆるめたりする
腹筋運動も効果的

こうなりました！

[スタッフ]

　立っていただきやすい方法を教えてもらってから，援助するときも楽になりましたし，高齢者との会話も増えました。

　小さな心がけでも大きな効果があるんですね。

[Aさん]

　最近すっと立ちやすくなったし，背筋が伸びて周りがよく見えるわ。

　身体も少し楽だし，なんだかうれしいわ。

⑪ 食事・入浴・排泄の三大介護でほんとにいいの？
―その人にとって心地よいケアとは―

高齢者のために　今日も一日がんばるぞ

Aさん：
大切なのはおいしく食事していただくこと
はい あーんしてください

Bさん：
いつも気持ちよくしていてもらうこと
トイレ
一人で大丈夫よ……

コミュニケーションを豊かにする会話も大切だし
何でもお手伝いしますよ！
どんとこい！！
ありがとう…

何より笑顔を忘れないこと!!
にっこり

第1章　楽楽コミュニケーションで楽楽介護

「……」

どんより

こんなにがんばってるし三大介護は満たしているはずなのにちっとも幸せそうに見えないのはどうして？

何が足りないの？

できることは自分でやりたい

Aさん69歳：時間をかければ自分で食べられるのに……

生きがいがほしい

Bさん73歳：何かしてもらうばっかりはいやなの 私も人の役に立ちたいし，生きがいも感じたいの

がんばっているのに

スタッフ歴15年：忙しくても笑顔で，こんなに利用者さんのためにがんばっているのに，これ以上何が不足なのかわかりません

47

⑪ 食事・入浴・排泄の三大介護でほんとにいいの？
―その人にとって心地よいケアとは―

はじめに考えてみましょう

その人にとって心地よいケアとは？

　スタッフや家族は「介護が必要な高齢者のために支援したい」気持ちが優先してしまいます。しかしトイレや食事など，時間をかければ高齢者ができるのにそれを奪うケアをしていませんか？

　ケアとは本来，その人にとって心地よいタイミングで提供するもの。

　自分自身で食事をしたい方には，食事介助を考える前に，持ち手が太いスプーンや指にかけられるタイプのお箸を用意するなど，自分で食事ができるための工夫をし，心の満足につながるケアを考えましょう（＊54頁参照）。

トイレや食事など時間をかければ
高齢者ができることもあります

こうしてみましょう　その1

自分にとっての心地よさを知ることで相手を知る

　自分の好きなことや心地よいことは何かと考えてみることは，相手の気持ちを知る第一歩になります。

　シャワー浴と湯船につかる入浴のどちらが好き？　好みのごはんの堅さは？　枕の高さは？　など自分の好みを書き出してみましょう。

　あるスタッフは「私は日に干した布団で寝るのが好き」と書いたことから，高齢者に心地よい布団を提供するために布団干しをアクティビティとして提案することにしました。ケアを考える目線を変えて，アクティビティの幅を広げていきましょう。

どちらがいいか考えることも
相手を知ることにつながります

第1章　楽楽コミュニケーションで楽楽介護

こうしてみましょう　その2

いくつになっても障がいを持っても，人の役に立ちたいもの

　介護を受けて安心して暮らせるだけでは，楽しい人生とは言えないでしょう。人の役に立つ，社会的存在でいたいもの。ちょっとしたきっかけで「何かやろう」という意力ややる気が起きます。

　「私たちに教えていただけませんか？」と一声かけて，歌や料理のコツ，植物の手入れなど，高齢者が持っている知恵を教えてもらいましょう。

　その人の好みを知ることもでき，一石二鳥です（＊60頁参照）。

料理のコツなど，持っている知恵を
教えてもらいましょう

こうなりました！

[スタッフ]

　高齢者の気持ちに寄り添うケアを心がけてから，会話だけでなく笑顔も増えました。

　高齢者の得意なことを知ってから，ますますその方と話をしたくなってきました。

[Aさん]

　前は食べさせてもらって楽なようだったけど，おいしくなかった。今は自分のペースで食べられてうれしいよ。

　食事の時間が楽しみになったね。

[Bさん]

　花の水やりは私の仕事って言われたの。役に立っている感じがして，ここに居ていいと思えるようになったわ。

　次に何の花を植えようか，皆と話をしているのよ。

⑫ スタッフ同士のコミュニケーションUPがケアをスムーズに

リハビリの時間

ぞろぞろ

いってらっしゃい！

やってるやってる！

あれ？

あんまり動いていないな……

その後のレクタイム

ヨイショー　ヨイショー

あれAさん右手の動きスムーズですね

第1章　楽楽コミュニケーションで楽楽介護

> え〜？そう
>
> ほら！
>
> そうかね
>
> あら？
>
> 理学療法士
>
> あれリハビリでは動いてなかったのに……

リハビリに対してかまえてしまう

> リハビリは苦手なんだよ　白衣の先生だとキンチョーするし……
>
> レクは楽しいから自然に動いちゃったよ

Aさん79歳

わかってると楽なんだけど

> 利用者さんがどんなリハビリをしてるか知らないのよね……

スタッフ歴9年

共通の情報がない

> Aさんはレク好きなのかしら　スタッフ同士話したことないわね……

理学療法士歴3年

⑫ スタッフ同士のコミュニケーションUPがケアをスムーズに

はじめに考えてみましょう

高齢者ができること，好きなことは何か情報集めをしよう

　縫い物は好きで指がなめらかに動くのに，「リハビリをしましょう」と言われると，運動が苦手な方は，体を動かすのがおっくうに感じたり，白衣を見ると緊張して動けなくなってしまう方もいます。

　逆にリハビリと言われると，がぜんやる気になる方もいます。

　昔得意だったことをリハビリに取り入れてみることで，変に身構えることがなくなることも。

　高齢者ができること，好きなことは何か，プラスの情報を集めてみましょう。

できることや好きなことが
リハビリにつながります

こうしてみましょう　その1

できることを探して，職種を越えたコミュニケーションを！

　話す相手や場面によって，高齢者の表情も様子も違います。あなたが気づいても他の人は気づいていないこともあるもの。また逆もあります。

　あなたの施設ではカンファレンスのときに，高齢者ができない情報ばかりを集めてはいませんか？

　高齢者一人ひとりのよいところ，できることをケアスタッフ同士や他の職種の方々と話をする機会はありますか？

　プラスの情報をアクティビティやケアに活かし，高齢者がいきいきするきっかけをつくりましょう（＊59頁，60頁参照）。

できることの情報交換をして，高齢者が
いきいきするきっかけづくりをしましょう

第1章　楽楽コミュニケーションで楽楽介護

こうしてみましょう その2

チームアプローチで笑顔あふれるケアを心がけよう

　ケアは一人でするものでなく，介護職，理学療法士（PT）や作業療法士（OT），看護師，医師など，それぞれ専門的な視点を活かしながらチームケアで行いたいもの。

　互いの職種を尊重し，真の意味ある情報共有をするために，看護記録や介護記録，できること，好きなことを記載した個人用のアクティビティ情報シートづくりをお勧めします（＊5頁，63頁「アクティビティ情報シート」参照）。

　利用者主体の情報共有を行い，笑顔あふれるケアをスタッフ全員で心がけましょう。

スタッフ全員で利用者主体の情報共有を心がけましょう

こうなりました！

スタッフたち

　各自でノートを持ってはいたのですが，ひとまとめにすることで，その人の知らない場面を知ることができるようになりました。

　共通認識ができると，ケアも厚みが増して心強いですね。

Aさん

　リハビリの先生が趣味のこととか聞いてくれるんだよ。なんだかうれしくなっちゃってね。

　行くのが少し楽しくなってきたよ。

第2章 高齢者と楽しくコミュニケーションを行うためのポイント

■豊かなコミュニケーションで心地よい支援を

　日常生活は，楽しいことやにぎやかなことばかりではありません。私たちは悲しみや怒り，驚きなど，様々な感情を持って日常を過ごし，自分らしい生活を送っています。しかし自分自身が高齢となり，人から支援を受けることになった場合を想定し，「自分らしい生活を送る」ということはどのようなことか考えてみましょう。

　人によって，心地よさや気持ちのよさは違います。豊かなコミュニケーションによって，その人にとって少しでも心地よく，気持ちよい支援ができるようにしたいものです。（具体例は：第1章⑪－48頁）

■高齢者にそったアクティビティ（プレイワーク）を提供するために

　アクティビティは相手の状況を知って行うものです。時間つぶしや単なる遊びではありません。

　実は施設で行われているゲームや体操などのアクティビティには，日常生活に役立つ身体の動きがたくさん隠されています。スタッフがそれを知ることにより自信をもってゲームや体操を行うことができます。そして，ゲームや体操の目的や効果を高齢者に伝えることによって，高齢者のアクティビティへの意識・意欲も向上します。

　高齢者の個々の状態や生活場面を分析し，個々の高齢者が心身とも活性化する運動やゲームを取り入れたアクティビティを「プレイワーク」と言います。

　高齢者が参加することで楽しく元気になり，生活の質が向上するプレイワークを提供していくことが大切です。（具体例は：第1章①－8頁，⑧－36頁）

■「アクティビティ」と「レクリエーション」

　「アクティビティ」とは，利用者の日常生活に楽しみと生きがいを与える，利用者に合わせた活動，プログラムのことを言います。健康で文化的な生活を保障することがスタッフとして必要です。

　利用者の状態を見てアセスメントしたうえ，何が楽しさの中に生きがいとふれあいをもたらすか，そのポイントを押さえ，ADL（日常生活動作，＊56頁）の維持・低下予防を目標に考えることが大切です。

　「レクリエーション」とは，一般的には「余暇活動＝遊びの中で行われる行為」と思われていますが，本来の意味は「自由への願いに基づく人間性の回復・再創造」です。高齢者福祉の場での「レクリエーション」は本来の意味合いで，高齢者の生活の中に楽しみや

ゆとり，喜びをもたらす，心身ともに健康な生活を送り続けられるような支援・援助を目指します。

◆「レクリエーションの生活化」とは

　レクリエーションの生活化とは，ADL（日常生活動作）の維持・低下予防をはかり，生活場面においてその人らしい時間を過ごせるようにする，もしくは過ごせることを目指すことです。そのために，アクティビティの内容を高齢者に合わせる配慮をし，そこから得られる充実感，達成感を通して自立的な余暇生活ができるように支援していくことが必要です。（具体例は：第1章④－21頁）

◆「生活のレクリエーション化」とは

　生活のレクリエーション化とは，日常の衣食住を含めた生活そのものを楽しく心地よく，快適にし，その人らしく生活していただけるように整えることです。（具体例は：第1章⑤－24頁）

■「利用者本位」を振り返ろう

　「利用者本位」「利用者の主体性」という言葉を聞くことがあると思いますが，ケアをするときに常に一番考えなければいけないことです。利用者の主体性を尊重し，利用者のニーズに応え，利用者が心地よく，気持ちよく過ごせるような，人間らしい楽しい生活の追求を目指します。

　オムツ交換やトイレ支援は高齢者の立場にそっていますか？　スタッフの動きやすい時間を優先した，定時交換になっていませんか。

　自分の思い通りのアクティビティや支援をしてはいませんか。

　相手の立場に立った支援を考えるときに，下記の「バイスティックの7原則」にそって日頃のケアを振り返り，利用者との援助関係を築きましょう。（具体例は：第1章③－17頁）

◆「バイスティックの7原則」

① 「個別化の原則」…利用者にとって必要なケアは一人ひとり違います。
② 「意図的な感情表現の原則」…利用者の感情表出を大切にします。
③ 「統制された情緒的関与の原則」…忙しくてもあわてていても顔に出さない余裕を。
④ 「受容の原則」…利用者の表した感情を大切に受け入れましょう。
⑤ 「非審判的態度の原則」…できないことの数で利用者を評価していませんか？　自分の価値観だけで判断していませんか？
⑥ 「自己決定の原則」…選びたくなるプログラムを用意していますか？
⑦ 「秘密保持の原則」…利用者の家族問題を他人に話したりしては絶対にいけません。

■日常生活におけるADLとAPDLとは

　介護が必要な高齢者は日常生活がしづらくなります。日常生活とは，一般的に3つの領域に分けられます（右図）。基礎生活とはいわゆる衣食住。社会生活とは自治会など社会の一員として役割を持つこと，余暇生活とは人が最低限過ごさなければならない場や時間を除いた，自由に裁量し過ごすことのできる生活のことです。

　高齢者にとっての心地よさ，すなわち「快」を目指すためにも，基礎生活の支援ばかりでなく，日常生活全般を視野に入れて，日常生活の中に喜びを感じるケアやアクティビティを提供することが必要です。

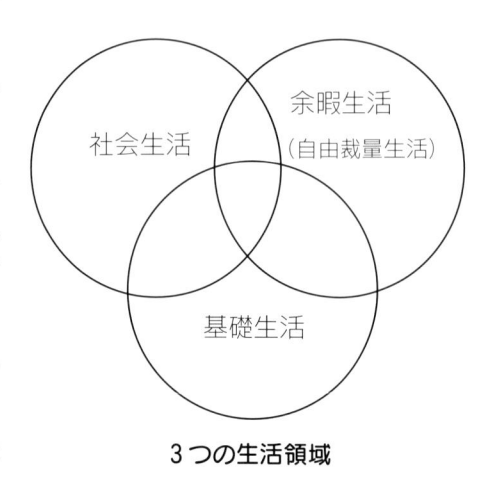

　日常生活において，ADL（Activities of daily living：日常生活動作；食事，着替え，睡眠，排泄，入浴など）の低下を予防し，APDL（Activities parallel to daily living：日常生活関連動作；料理，掃除，洗濯，買い物，電話，外出，金銭管理などの家庭生活を維持するために必要な活動）の維持のためには，スタッフはすべてを支援するのではなく，できないことを支援する介護プランを立てることも大事です。（具体例は：第1章①－8頁，⑧－36頁）

3つの生活領域

■ちょうどよい内容のアクティビティを準備しよう

　参加する高齢者の能力にそった，難しくもなく，簡単でもない内容のアクティビティに参加できたときに，参加者の満足度が上がります。

　これを「フロー（楽しさの流れ）理論」と言います（右図）。

　例えば，アクティビティに参加して，不快になられた高齢者がいた場合，プログラム内容によって不快になったのか，心身的な状況によって不快になったのか，見極めます。

　そのためには医療的知識を持つことも必要です。

　スタッフは高齢者の能力と難易度のバラン

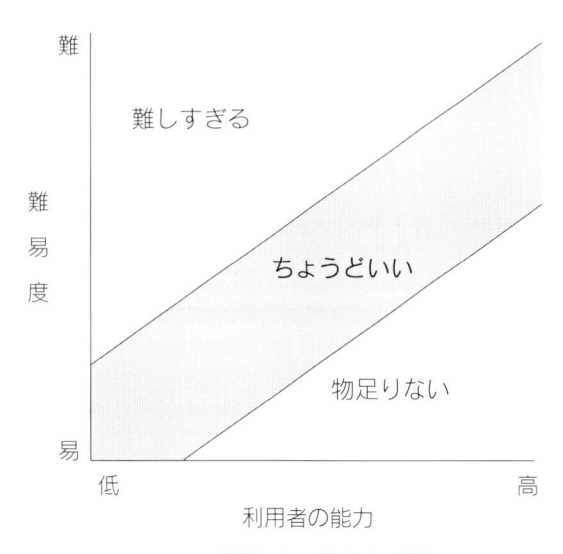

フロー（楽しさの流れ）理論

スが取れているメニューを用意し,「快」の状態になっていただくための援助を心がけましょう。(具体例は:第1章④-20頁)

■専門職としての判断基準を多く持とう

あるアクティビティを行ったところ,高齢者の反応が悪かったことがありました。そのようなとき,うまくできなかったのはなぜか考えてみたことはありますか。

眠くなる時間帯だった,簡単すぎたもしくは難しかった,声かけのタイミングが外れてしまったなど,高齢者にプログラムが適応しているのか適応していないのか,そのときだからこその理由があるでしょう。そのときに専門職としての基準を持ち合わせることが,コミュニケーション力を高める第一歩になります。

あなたは自分の基準だけで物事を判断していませんか。また自分の許容範囲は広いですか。専門職として,高齢者が自分らしく生き,終えるための援助(支援)をしていますか。

なぜうまくいかなかったかを振り返り,よりうまくいく方法はないか工夫をしたり,内容を変えていきながら,コミュニケーションを図っていきましょう。

高齢者に合った難易度を知るためにも,一度の失敗にめげずに何度もチャレンジする心を持ちましょう。(具体例は:第1章⑧-36頁)

■コミュニケーションを取りながら体力の維持,向上を目指そう

健康的な生活を維持・保持するために,体力が必要です。体力とは,私たちが日常生活を楽しく有意義に送ることに必要な「基礎体力」のことを言います。

体力は「身体的要素」と「精神的要素」があり,日常生活を送り続けるための「行動体力」と身体の様々な内外の環境を整える「防衛体力」とに分かれます。

例えば「身体的要素の行動体力」とは,筋力・敏捷性・スピード・平衡性・協応性・持久力・柔軟性などからなり,体格・姿勢を整えます。

「身体的要素の防衛体力」は,様々な活動をすることによって,身につく温度調節・免疫・適応能力で,身体の基幹組織の構造を整えます。

また「精神的要素の行動体力」とは,意志・意欲・判断能力で,「精神的要素の防衛体力」は,精神的ストレスに対する抵抗する力です。

体力というと身体的活動をイメージすることが多いですが,精神的要素も忘れてはいけません。身体的,精神的要素の行動体力,防衛体力すべてが備わっていることが望ましいのです。

ぜひとも,楽しくコミュニケーションをとりながら精神的,身体的な体力を維持するアクティビティの提供・支援を行いたいものです。

心肺機能の向上・維持は，血液循環を良好にするだけでなく，ストレスの解消，脳の働きをよくするなどの効果があります。

　また，筋肉と基礎代謝を増やすことにより，脂肪の燃焼をより効果的にし，加齢に伴う日常生活のしづらさを軽減することが期待できます。

　全身の持久力と筋力の維持には，柔軟性が必要になります。骨格筋の働きをスムーズにすることで，筋肉への血液循環を良好にし，疲労回復にも効果が大です。

　そのためにも持久力を促す運動をより一人ひとりに合わせて提供する，また失禁対策につながる体操も取り入れたりすることが大切になります。（具体例は：第1章②－13頁）

◆持久力を促す運動の具体例「その場足踏み」

　立って（立位）行える方は，音楽や号令，歌に合わせて，その場足踏みを3分から6分行います。そのとき，足をできるだけ上げていただきます。

　立位が難しい方には，椅子に浅く腰掛けていただき，上記の動きを行いましょう。

■ノンバーバルコミュニケーションとは何か，何が大切か

　言葉によるコミュニケーションを「バーバル（言語的）コミュニケーション」と言います。

　そして言葉を使用しないコミュニケーションを，「ノンバーバル（非言語的）コミュニケーション」と言います。

　ケアの場面においては，このノンバーバルコミュニケーションがバーバルコミュニケーション以上に大切であり，必要です。

　なぜなら一人ひとりの症状も含めて，言葉だけでなく顔の表情，視線，身振り，手振りなどから，本当に伝えたい情報を読み取ることがスタッフに必要なスキルになるからです。下図のように日常のコミュニケーションの実に93％がノンバーバルコミュニケーションによってなされています。

　そこを見落としてしまうと，高齢者が訴えたいこと，表現していることを読み違え，高齢者にとってよいケアができないことになります。（具体例は：第1章⑥－26～29頁，⑨－38～41頁）

日常のコミュニケーションの割合

視覚情報（Visual） 身振り，見た目，身だしなみ，しぐさ，表情，視線など　　　　　　　　　　55％	聴覚情報（Vocal） 声の質（高低），速さ， テンポなど　　38％	7％

言語情報（Verbal）
話す言葉そのものの意味

■その人らしく過ごせるための援助について再確認しよう（ICF）

ICF（International Classification of Functioning, Disability and Health）とは，その人らしい日常生活を送り続けていくために何がしづらいと感じているか，何を支援し，どのように環境改善をすれば，その人らしい生活が可能となるのか考える元となるスケール・理論です。

高齢者の生活機能を「心身機能・身体構造」「活動」「参加」に分けて考えています。個々の生活機能をプラス面から見，身体の障がいを治すことに重きを置くのではなく，「生活するときの身体機能はどうか」「生活についてどれくらい不便さがあるか」を見ます。生活の中で不自由さを感じながらも工夫し活動に参加することで，疾病や障がいの改善や能力の維持へとつながります。日常生活全般を再創造していく考え方です。

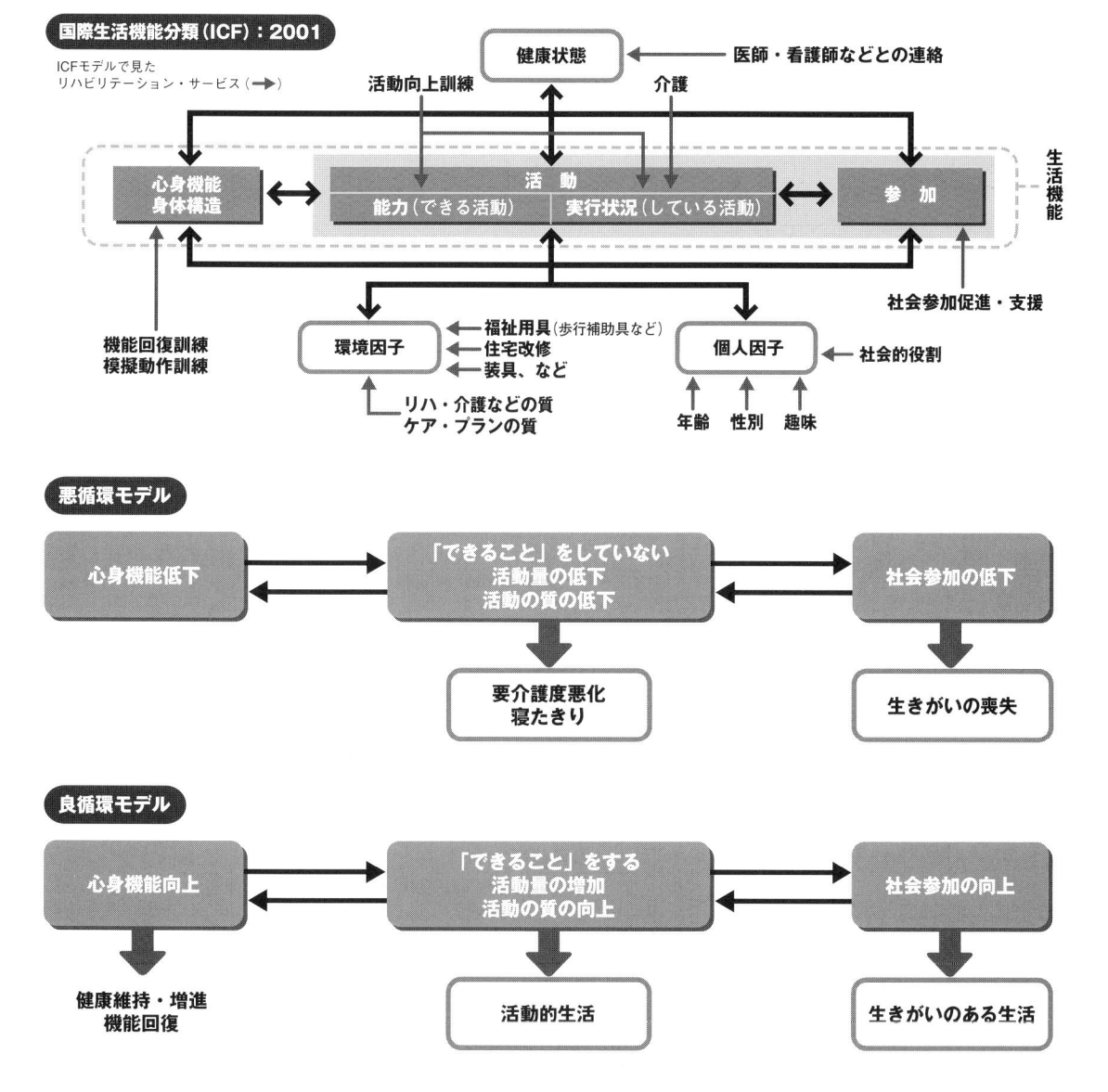

国際生活機能分類（ICF）：2001

ICFモデルで見たリハビリテーション・サービス（→）

- 健康状態 ← 医師・看護師などとの連絡
- 活動向上訓練　介護
- 心身機能・身体構造 ⇔ 活動［能力（できる活動）／実行状況（している活動）］⇔ 参加
- 生活機能
- 機能回復訓練／模擬動作訓練
- 環境因子 ← 福祉用具（歩行補助具など）／住宅改修／装具、など
- 個人因子 ← 社会的役割
- リハ・介護などの質／ケア・プランの質
- 年齢　性別　趣味
- 社会参加促進・支援

悪循環モデル

心身機能低下 ⇔「できること」をしていない／活動量の低下／活動の質の低下 ⇔ 社会参加の低下
→ 要介護度悪化・寝たきり／生きがいの喪失

良循環モデル

心身機能向上 ⇔「できること」をする／活動量の増加／活動の質の向上 ⇔ 社会参加の向上
→ 健康維持・増進・機能回復／活動的生活／生きがいのある生活

スタッフはつい「できないこと，活動」に目が行き，援助をしがちですが，そのことによってできる活動や役割を奪ってしまうこともあります。

　例えば，体操の時間に「両手を振ってください」と簡単な言葉で伝え，高齢者がどのように振っているか確認します。まず聞こえているか，内容を理解できているか，手首の振り方（上下，左右）や手首の硬さなどを見ます。左右に振れる方には，箸や器を持つ力をつける体操を取り入れることで，自分で食事をすることを継続できるはずと考えます。今「している活動」からその人が「できる活動」を引き出す援助方法を考えるのです。

　その人自身や周りの環境を考慮に入れ，「できることは自分でやりたい」という高齢者本位の気持ちをくみとった個別的援助について，スタッフ同士で再確認してみましょう。
（具体例は：第1章⑦－33頁，⑫－52頁）

■その人の心地よさを追求したケアのために

　日常生活とは，「日常＝常日頃，普段，平常，平生」という日々特別変わりなく普通に過ごす生活のことです。

　病気や怪我などで今までのような日常生活を送ることが難しくなった高齢者に対して，「マズローの五段階欲求」で言えば，ⅠとⅡの欲求を満たすケアに加え，「必要な人間と思われたい」「生きがいを持って自分らしい生活を楽しみたい」などを追求したケアを考えたいものです。

　日々，生活の中で繰り返している食事や入浴なども，天気のよい日に庭に出てピクニック気分で食べる，温泉の素を入れたり音楽を流したりして入浴するなど，少しの工夫で雰囲気が変わり，より心地よい生活が可能となります。ときには日常生活から一歩踏み出した，非日常生活的な支援を展開するのも楽しいでしょう。

　高齢者が何を心地よいとしているのか，何を求めているのかを知るために，高齢者の生の声，表情，態度などをくみとる力＝コミュニケーション力を身につけましょう。（具体例は：第1章⑪－49頁）

◆「マズローの五段階欲求」とは

　心理学者のマズローが提唱した欲求段階説。人間の欲求は5つの階層で説明でき，ある階層のレベルの欲求を満たすと，1段階上の欲求に駆られるとされます。

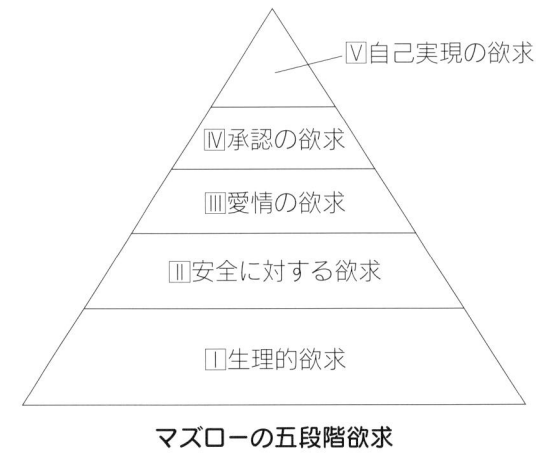

Ⅴ自己実現の欲求
Ⅳ承認の欲求
Ⅲ愛情の欲求
Ⅱ安全に対する欲求
Ⅰ生理的欲求

マズローの五段階欲求

第2章　高齢者と楽しくコミュニケーションを行うためのポイント

■年代によってのルール・マナー・エチケットの違いを知ろう

　食事のときに茶碗を持つか，持たないかは国によって違います。日本では，ご飯茶碗が左，汁物の椀が右，お箸は先が左側というのが基本です。そこまで気を配っていますか？ちなみに中国ではお箸は縦置きだそうです。国によっても違いがあるようですので，配慮してみましょう。

　マナー（行儀）は，ある場面において決まった立ち居振る舞い，作法のこと。マナーを身につけることで，人間関係を豊かにし，人生を豊かに過ごすことができます。

　エチケット（礼儀）は親や大人に育まれて身につけた，気配り。地域や会社や学校によって当たり前のこと（常識）が違う場合もあります。ルールは，スポーツの規則や法律・条令で決められているものです。

　人は，法や一定の規範，ルールのもとで生活をしています。そこで働き，生活の糧を得，生活を支えています。しかし，マナーやルール，エチケットの境目はわかりづらいこともしばしばあります。時代や育った環境により，常識が違うことも多々あります。まず，スタッフ同士でお互いに常識探しをしてみませんか？　ケアのやり方や考え方に違いを見つけたときに，さりげなく声をかけてみませんか？

　目の前の高齢者や周りのスタッフに聞きながら，高齢者を含めお互いにとって心地よい状況を作り上げていきましょう。（具体例は：第1章③－16頁）

■高齢者の特徴と関わり方のポイント

　様々な本や見解によって少し幅がありますが，高齢者を年齢によって2つに分け，75歳より前を前期高齢者，75歳より後を後期高齢者とする見方があります。身体的，生理的変化や老化現象は一人ひとり違いますので，その方の状態を把握して支援・援助を行いましょう。

◆髪の毛
　男性，女性ともに年齢を重ねていくと白髪になることが多いだけでなく，頭髪が薄くなり始めます。また男性は眉毛や鼻毛などが長くなる傾向があります。

　特に女性の方で，薄毛を気にされて，ウィッグ（かつら）を着けている方もいますので，プライドを傷つけないように配慮をします。

◆皮膚
　高齢になるとしわが増える，しわが深くなるなど，様々な現象が現れます。また，皮膚が乾燥してかさついたり，かゆみを感じたり，シミやできものなどが発現する方もいます。

61

◆目

　水晶体の混濁がおこり，家族やスタッフでも白内障などの症状に気づくことが多いです。見えにくいことによる怪我やミスが増える恐れもあるので，医師の指示を受け，個々に適した関わり方を確認し合います。

　脳梗塞・脳出血などの後遺症や視野狭窄（しやきょうさく）などによって視野が個々に違うので，その配慮も必要です。加齢とともに明るさや暗さ，色彩の識別もしにくくなることがあります。

◆歯

　「80歳で自分の歯が20本残っているようにしましょう」という「8020運動」というものもありますが，老化に伴い，歯が欠落したり，歯肉に炎症，萎縮を起こすなどの変化があります。食べ物をかみにくくなるなど，流動食的なものが多くなり，栄養的に不足したり偏ったりして，身体的にも影響が出てきます。

◆姿勢

　若い頃は背筋がピンと伸び，さっそうと歩いていたのが，背筋や腹筋をはじめ，全体の筋力が低下し，骨などがもろくなり始めると，背中が丸く前屈みの姿勢になったり，身長が低くなる現象が起こってきます。

　また，骨密度が低下して骨が弱くなること，柔軟性がなくなることにより，ちょっとしたことで骨折しやすくなったりします。

　肥満で足腰に負担のある方は，足腰の弱りから膝の痛みを訴える人が多くなり，歩行時の足の運びが悪くなり，つまずきや転倒などの二次的な怪我が起こりやすくなります。
（具体例は：第1章⑩－44頁）

◆聴力

　高齢になると高い音から聞こえにくくなります。また，音としては伝わりやすいのですが，言葉として伝わりにくい方（感音性難聴）が多いと言われています。また，補聴器をすると聞こえる伝音性難聴，両方が混ざっている混合性難聴という種類もあります。

　安心してコミュニケーションをとれるように，相手に合った声のかけ方や話す位置などに気をつけることが大切です。女性で声のトーンが高い方は意識的に下げて話すようにしましょう。（具体例は：第1章⑥－28頁）

◆脳

　基本的には，加齢に伴う器質的変化があります。また，脳梗塞・脳出血などの脳の疾患により，失行（目的の行為が何か理解しているにも関わらず，いつも行っていた動作ができない），失認（感覚障害や知能低下がないのに，対象を認知することができない状態），言語障害の個々の症状があり，一人ひとり全く違います。

◆知能

　知能は，高齢になると結晶性知能（子どものときから積み重ね覚えたもの。忘れづらい）と流動性知能（新しいことを学習したり，新しい環境に適応したりする能力）の低下が激しくなると言われています。推察する力，先を読んで行動する力，計算力，洞察能力なども低下していきます。

　言語カードを組み合わせるゲームや計算を伴うゲーム，推測・予測するアクティビティプログラムを取り入れていくことで，少しでも能力の維持や低下予防につながるようにします。

◆水分補給

　高齢になると体内水分が不足しがちになります。水分不足が進んで脱水症状になると意識を失うこともあり，危険が伴います。

　高齢者に，「水分補給をしましょう」と声をかけても，トイレに頻繁に行くことをおっくうに感じたり，介助の手を煩わさないように気をつかって水分をとることを極力さける傾向があります。アクティビティの中で高齢者がよく話したり，歌ったりすることを取り入れることでのどが渇き，自然と水分をとりたくなるように工夫や配慮をします。

◆不安感

　認知症や精神的な病気の症状が進んだ方は，自分の行動や居場所，トイレなど様々なことが不安となり，家族やスタッフに，繰り返し同じことを訴え始めるようになります。

　そのような方が安心して穏かな時間を過ごしていただけるように，否定的な声かけや発言は，避けるようにします。落ち着いたやさしい声かけを心がけます。（具体例は：第1章②－12頁）

■アクティビティ情報シート（5頁）の使い方

　日常のふとした会話や動作から，その方の好きなことをおしはかり，その方に合ったアクティビティやコミュニケーションのきっかけをつくりたいものです。

　利用者主体の職種を超えた情報共有にも役立つ，「アクティビティ情報シート」づくりをお勧めします。昔の仕事や趣味，興味のあること，習慣，生活歴，遊び歴など，ご本人やご家族からうかがったら記入していきます。（具体例は：第1章④－20頁，⑫－53頁）

監　　修	高齢者アクティビティ開発センター

1990年から高齢者のアクティビティ活動や福祉文化の研究及び実践を行う芸術教育研究所は2005年に「高齢者アクティビティ開発センター」を設立。「芸術」と「遊び」を高齢者ケアに導入することに力点を置き，この新しいケアモデルの推進役として，日本で初の「アクティビティ ディレクター」資格認定講座を開講。専門家の養成とともに，様々なアクティビティプログラムの開発に努める。

著　　者	高橋紀子

東京都生まれ。レクリエーション連盟レク学院卒業，淑徳保育生活文化専門学校社会体育科，東京福祉大学社会福祉学部社会福祉学科（国際福祉心理専攻）を卒業し，現在，文京学院大学大学院人間学研究科人間学専攻社会福祉コース在学中。(有)ルナ・イ・ソル代表。医療・福祉の研鑽グループライフビジョンネット主宰。白梅学園短期大学非常勤講師，人間総合科学大学非常勤講師，高崎健康福祉大学非常勤講師。日本レクリエーション協会公認・レクリエーションコーディネーター，福祉レクリエーションワーカー，認定心理士，社会福祉士，介護福祉士。障害老人のリハビリ体操や機能回復訓練に携わり，各保健所で，介護予防教室，転倒予防教室等を担当し，精神保健のケースワーカーもつとめている。他に重度障害者たちのムーブメント療法にも携わる。著者に『お年寄りの楽楽レクリエーション』『介護度別高齢者の生活レクリエーション』『高齢者のための生活場面別レクリエーション』（黎明書房），『新時代における老年看護学』（日総研，共著）他がある。

(有)ルナ・イ・ソル　ライフビジョンネット
〒171-0021　東京都豊島区西池袋5-5-21　ザ・タワーグランディア2507
TEL 03-5953-5727　FAX 03-5953-5728
URL http://www.lys.co.jp　E-mail takahashi@lys.co.jp

本文イラスト　山口裕美子

企　　画　多田千尋（高齢者アクティビティ開発センター代表）

編　　集　寺橋真由美，磯　忍，菊池貴美江（高齢者アクティビティ開発センター）

お問い合わせは……
高齢者アクティビティ開発センター
〒165-0026　東京都中野区新井2-12-10　芸術教育研究所内
TEL 03-3387-5461　FAX 03-3228-0699
URL http://www.aptycare.com　E-mail aptc@aptycare.com

高齢者と楽楽コミュニケーション〈レク・生活の場面編〉

2008年3月1日　初版発行

監　修	高齢者アクティビティ開発センター
著　者	高橋紀子
発行者	武馬久仁裕
印　刷	株式会社　太洋社
製　本	株式会社　太洋社

発行所　　株式会社　黎明書房
〒460-0002　名古屋市中区丸の内3-6-27 EBSビル　☎052-962-3045
FAX 052-951-9065　振替・00880-1-59001
〒101-0051　東京連絡所・千代田区神田神保町1-32-2
南部ビル302号　☎03-3268-3470

落丁本・乱丁本はお取替します　　ISBN978-4-654-05661-3
©ART EDUCATION INSTITUTE 2008, Printed in Japan